CONCIENCIA
Fonológica

Cómo aprender lectoescritura con material manipulativo para infantil y primer ciclo de primaria

Nadine Morillo

Saralejandría
ediciones

A todas aquellas personas que dejamos
huellas en los corazones e intentamos hacer
un mundo mejor.

Y no menos importante, a mi familia y
amigos que caminan conmigo de la mano

INDICE

PRÓLOGO

Si me preguntaran por un recuerdo de mi infancia, tengo muy claro lo que diría: las maestras y maestros que me acompañaron durante mi etapa en educación infantil y primaria. Pasarán los años y sus nombres, sus caras y todo lo que te hacían sentir no se olvidarán. "A tus letras le faltan sombrero", me dijo una vez Carmen, refiriéndose a los puntos de la "i" y las líneas verticales de la "t". Veinte años después, todavía le agradezco a esa maestra que puso tanto empeño en mí, ahora todas mis "i" y "t" van bien vestidas.

Nunca pensé que haría esto, pero aquí estoy, escribiendo el prólogo a una persona que sé que va a dejar huella, igual que Carmen la dejó en mí. Ella es Nadine, y no sabe lo importante que va a ser para muchos pequeños y pequeñas que se embarcan en la aventura de aprender. Educar a través de la pasión, de las ganas y el esfuerzo es lo que lleva a esta escritora a lanzarse en un nuevo reto: el lanzamiento de un libro que tengo claro que va a ayudar a muchas familias y docentes.

Cuando Nadine me ofreció esta oportunidad, no dudé en hacerlo. La educación ha pasado y sigue pasando por tantos cambios que me enorgullece saber que tengo personas de mi alrededor que forman parte de esta evolución. En las siguientes páginas encontrarás las ganas de enseñar de una profesora, ahora también escritora, con una carrera muy cortita pero intensa, y que sé que esto solo acaba de empezar para ella. Una persona que se sigue formando en diferentes campos, entre ellos, la pedagogía.

El objetivo para Nadine fue muy claro desde el principio: Acompañar a los alumnos durante sus diferentes etapas de desarrollo en la lecto-escritura. Todas y cada una son muy importantes para el aprendizaje del alumno y es primordial conocer ese proceso.

En el libro contarás con distintas actividades dinámicas y manipulativas que harán que el aprendizaje sea significativo. Una infinidad de materiales que te ayudarán en tu día a día. Una base firme para acompañar de una forma sencilla y divertida durante el proceso de lectura y escritura de los estudiantes. Saber cómo gestionar las diferentes etapas, comprender al infante, volcarse en él y conocer qué recursos utilizar, son algunos de los aspectos que podrás encontrar en el siguiente libro.

Sobre mí

Cuando era pequeña y me preguntaban que quería ser de mayor siempre decía "profesora". No sé por qué, pero lo tenía decidido. Creo que había algo dentro de mi innato por la enseñanza.

Actualmente, estoy graduada en educación primaria, pero en el último año de la carrera me especialicé en pedagogía terapéutica. Esta trata de dar respuestas al alumnado con necesidades educativas. Desde ese momento, supe que la especialización me iba a proporcionar retos académicos, profesionales y personales.

Años más tarde, me di cuenta de que necesitaba más información, entender la educación de manera profunda. Por esta razón, empecé otro grado. Este me iba a permitir investigar y reflexionar sobre los procesos educativos y en un futuro poder ejercer en el ámbito de "la pedagogía".

Al empezar a ejercer de maestra decidí crearme una cuenta de Instagram (@mesquemestres_) para poder compartir con las compañeras, compañeros y familias los recursos que creaba y utilizaba en las aulas. Al ver como las actividades se utilizaban en otras escuelas, en otros municipios e incluso en otras comunidades autónomas entendí que podía ayudar a más personas de las que creía. Sin embargo, esta plataforma no solo me permitió compartir mi experiencia y recursos, sino también aprender de otros profesionales. Por lo tanto, reconozco que fue una de las mejores decisiones que he tomado en mi vida.

> Es por ello que, a través de este libro, pretendo ayudar e inspirar a crear actividades relacionadas con uno de los elementos más importantes del aprendizaje, la lectoescritura. En este libro encontrarás una variedad de recursos, conocimientos, estrategias que he probado y he perfeccionado a lo largo de mi carrera.

Deseo que lo disfrutéis leyendo este libro tanto como yo lo he disfrutado creándolo y que os ayude a trabajar la lectoescritura de una manera divertida, inclusiva y manipulativa.

INTRODUCCIÓN

Si has empezado a leer este libro, probablemente sea porque quieres abordar o conocer la lectoescritura de una manera dinámica y manipulativa. Cuando yo estudiaba educación primaria no se trabajaba los contenidos de la misma forma en la que se enseñan ahora. El modelo de enseñanza de entonces era más tradicional y menos interactivo. Sin embargo, con el paso del tiempo, la educación ha evolucionado y se han adoptado métodos innovadores y creativos para captar el interés de los alumnos, facilitar y adquirir un aprendizaje significativo.

> "La educación es el arma más poderosa que puedes usar para cambiar el mundo"
>
> Nelson Mandela

En las siguientes páginas podrás encontrar la información necesaria para comprender la lectoescritura y el proceso por el cual un alumno desarrolla habilidades para leer y escribir. Además, te proporcionaré diversas actividades para que puedas ponerlas en práctica o te ayuden como inspiración para crear las tuyas propias.

Por último, me gustaría animarte y ayudarte en todo lo posible. Por esta razón, te aconsejo que acompañemos a los alumnos durante este proceso de adquisición de la lectoescritura de forma respetuosa y con cariño. En el currículum de infantil no exponen este aprendizaje, pero siempre podemos dar unas pinceladas si el individuo alcanza los niveles de maduración y está motivado.

CAPÍTULO 1

¿QUÉ ES LA LECTOESCRITURA?

Muchos años atrás, la lectoescritura se enseñaba mediante métodos pasivos, como la memorización y la repetición. Aunque estos sistemas funcionen en algunas situaciones, no es la mejor forma para captar el interés de los alumnos y que aprendan de manera significativa.

En cambio, los enfoques educativos actuales permiten un aprendizaje interactivo y participativo, a través de juegos, recursos tecnológicos, materiales manipulativos, entre otras.

La lectoescritura es la unión de dos procesos muy importantes para el crecimiento cognitivo y social del alumno. Estos dos procesos son: leer y escribir.

1.1. LA LECTURA Y SU IMPORTANCIA

Muchos creen que leer es sólo descodificar un conjunto de signos, pero va más allá. La lectura es un proceso en el que interactúan la persona y el texto, donde el lector construye un significado a partir de la lectura y de su experiencia o conocimientos. Además, es importante que el alumno sea un sujeto activo, ya que construye sus propios conocimientos y esta evolución requiere estrategias cognitivas.

> "La lectura es para mí algo así como la barandilla en los balcones"
>
> Nuria Espert

LA IMAGINACIÓN Y LA CREATIVIDAD: A través de la lectura los alumnos experimentan situaciones que no están en su entorno.

LA ESTIMULACIÓN COGNITIVA: Adquieren habilidades de pensamiento crítico y la resolución de problemas.

LA LECTURA ES IMPORTANTE PARA:

LA ADQUISICIÓN DE VOCABULARIO: Ayuda a desarrollar el lenguaje de los estudiantes. Por ejemplo, al escuchar o leer cuentos se aprenden nuevas palabras.

AMPLÍA EL VOCABULARIO Y MEJORA LA ORTOGRAFÍA: La lectura permite conocer nuevas palabras y enriquecer el habla y la escritura.

ESTABLECEN HÁBITOS: Introducir a los pequeños y pequeñas a la lectura desde edades tempranas es beneficioso para su aprendizaje y desarrollo personal a medida que van creciendo.

Por lo tanto, es recomendable que los estudiantes se familiaricen con la lectura, ya que no solo mejora la escritura, sino que se adquieren nuevas habilidades cognitivas y sociales. Además, obtienen hábitos y fomentan la creatividad.

1.2. LA ESCRITURA Y SU IMPORTANCIA

El lenguaje escrito está presente en todo momento del estudiante, desde que empiezan en el proceso de aprendizaje hasta que envejecen. Por lo tanto, es importante saber que recursos utilizar para facilitar la formación.

Los centros educativos no solamente enseñan a los alumnos, por medio de la motricidad fina, a formar letras sino que involucra diversas habilidades como organizar los pensamientos, expresar los sentimientos, transmitir el mensaje, entre otras. La escritura es una herramienta para fomentar el pensamiento crítico y el aprendizaje.

La escritura es un proceso, no mecánico, de ser capaz de expresar una información de forma clara y coherente para que el receptor pueda comprenderla.

ESCRIBIR

> "Las palabras son todo lo que tenemos..."
> Samuel Beckett

LA ESCRITURA ES IMPORTANTE PARA:

COMUNICARNOS:

Nos permite expresar lo que sentimos, ideas y conocimientos de manera clara. Además, podemos hacerlo en cualquier parte del mundo y con cualquier persona.

LA IMAGINACIÓN Y LA CREATIVIDAD:

La escritura es un instrumento para que las personas puedan descubrir y expresarse de forma personal y artística.

EL DESARROLLO COGNITIVO:

Es importante saber organizar y estructurar lo que queremos escribir. De esta forma trabajaremos el pensamiento crítico.

LA MEMORIA:

Hay personas que escribir les ayuda a retener información. Además, facilita la comprensión de los conceptos.

Gracias a la escritura podemos comunicarnos en cualquier parte del mundo y podemos transmitir aquello que queremos hacer saber con diversos materiales.

1.3. ETAPAS DEL DESARROLLO DE LA LECTOESCRITURA

A lo largo de los primeros años de vida, los alumnos recorren por diferentes etapas de desarrollo en la lectoescritura. Poder entender estas etapas nos permite entender las necesidades que requiere cada estudiante y así crear un aprendizaje efectivo. Son un total de cuatro etapas, empezando desde lo más básico a lo más complejo:

● **Escritura pre-silábico:**

El alumno comienza a diferenciar entre el dibujo y las letras o números. En ocasiones necesitan dibujar para entender lo que escriben.

A medida que van evolucionando, los estudiantes empiezan a escribir de manera continua, pero sin entender lo que pone. Es curioso, porque cuando empiezan a escribir, la palabra será pequeña o grande en función del tamaño del objeto, es decir, escribirán "elefante" con letras grandes y "hormiga" con letras pequeñas.

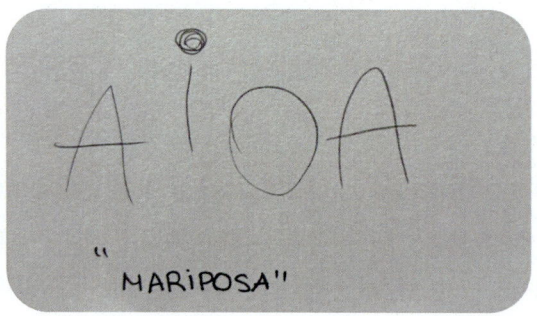

"MARIPOSA"

● Escritura silábica:

Cada letra corresponde a una sílaba.

"MARIPOSA"

- **Escritura silábica-alfabética:**

Escriben más de una grafía en cada sílaba.

- **Escritura alfabética:**

Cada grafía corresponde a un sonido. Aunque en este nivel se comprende lo que se escribe, todavía queda proceso de aprendizaje, como por ejemplo la ortografía.

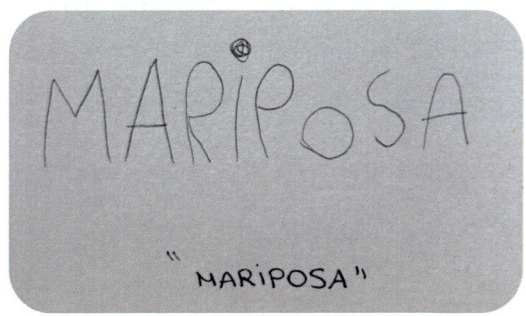

CAPÍTULO 2

MÉTODOS DE LA LECTOESCRITURA

La lectoescritura es una habilidad primordial para los alumnos que se debe de adquirir en los primeros años de educación. Sin embargo, hay diferentes métodos de aprendizaje y hay que conocer a los estudiantes y utilizar un método que se adapte a las necesidades de cada uno.

Método sintético:

Este método trata de lo más simple a lo más abstracto, es decir, empezamos por las letras, de las letras pasamos a las sílabas y de las sílabas a las palabras. Es un método secuencial.

Para que no haya confusiones, es importante que la pronunciación fonética sea la correcta, conocer bien las grafías y hasta que el fonema-grafema no se haya adquirido no podemos pasar al siguiente paso.

LETRAS → SÍLABAS → PALABRAS → FRASES

Por ejemplo, con los alumnos se trabaja el abecedario y cada letra se hace referencia algún nombre de la clase.

> **Método analítico:**
>
> Este método parte de los conocimientos y experiencias del lector y se inicia a través de palabras o frases, es decir, trata de lo más complejo a lo más simple. En este proceso es importante la memoria visual, ya que los alumnos deben de ser capaces de identificar elementos similares en palabras o frases.
>
> Se compone en cuatro etapas: la comprensión, la imitación, la elaboración y la producción.

FRASES → PALABRAS → SÍLABAS → LETRAS

Por ejemplo, los alumnos deberán pintar una sílaba en concreto de una palabra. Al acabar, cogerán la palabra y la separarán por letras.

Método mixto:

Este método es una mezcla de los dos métodos anteriores. El alumno debe de comprender el texto, pero a la vez practicar los elementos básicos del escrito. De esta manera, se trabaja la lectura y la escritura de manera simultánea.

Por ejemplo, utilizamos imágenes divididas en el número de sílabas de la palabra. De esta forma, comprenden que la unión de estos sonidos forman las sílabas y la unión de las sílabas forman las palabras.

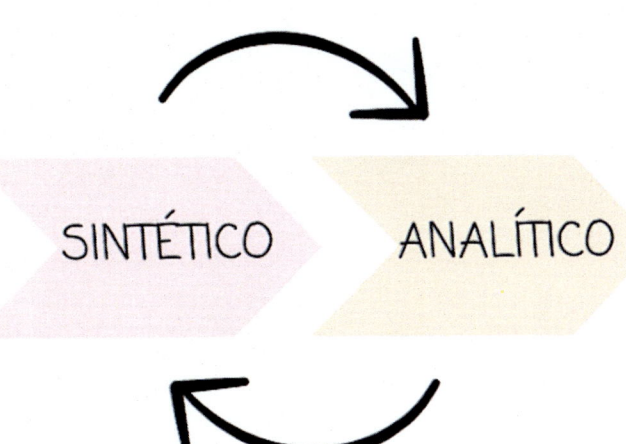

SINTÉTICO ANALÍTICO

CAPÍTULO 3

ACTIVIDADES PARA FOMENTAR LA LECTOESCRITURA

Como ya he comentado anteriormente, trabajar la lectoescritura a una edad temprana es beneficioso para adquirir competencias y habilidades sobre estos dos procesos. Pero para que se consiga, debemos de crear actividades atractivas y que motiven al alumnado.

En este capítulo os facilitaré diversas actividades para diferentes etapas, para poder trabajar la lectoescritura de una forma lúdica, divertida y manipulativa. Estas actividades, aparte de trabajar la lectura y la escritura, fortalecen la memoria, el pensamiento crítico y la atención. De esta forma, podremos dejar huella en su proceso y que adquieran un aprendizaje significativo.

A través del QR podréis descargar la actividad en castellano y en catalán. Solo tenéis que imprimirlas, recortarlas, plastificarlas y ponerlas en práctica con vuestros alumnos.

Espero que os ayude en la enseñanza o que os sirva de inspiración.

3.1. ACTIVIDADES PARA INFANTIL

En este apartado, encontraréis ocho actividades dirigidas a la etapa infantil, pero pueden adaptarse según las necesidades de los alumnos. Cada actividad se dividirá en sus objetivos a conseguir, los materiales que se necesitarán, una pequeña explicación para llevarla a cabo, una imagen del recurso y un QR para descargarlo en PDF.

DIBUJAMOS EN LA ARENA

Objetivos

- Desarrollar a motricidad fina.

- Familiarizarse con las letras del abecedario.

- Asociar los sonidos con las letras.

- Fomentar la concentración y la atención.

Material:

- Tarjetas con las letras del abecedario.

- Arena.

- Plataforma para poner la arena.

- Lápiz o palo.

Desarrollo de la actividad:

Debemos coger la plataforma y llenarla de arena. Con ayuda de las tarjetas escribiremos con el dedo o un palo las diferentes letras en la arena. Conforme los alumnos trazan las letras, deben decir los diferentes sonidos.

Objetivos:

- Fomentar la asociación palabra – imagen.

- Estimular el desarrollo cognitivo.

- Trabajar la construcción de palabras.

- Favorecer la orientación espacial.

Material:

- Piezas del puzle.

Desarrollo de la actividad:

Los alumnos deberán coger las diferentes piezas del puzle e ir construyendo las palabras. Una vez tengan el puzle, pueden leer las palabras o hacer los sonidos de cada letra.

¡CONSTRUIMOS PALABRAS!

Objetivos:

- Reconocer las letras.

- Fomentar la motricidad fina.

- Desarrollo de la conciencia fonológica.

Material:

- Letras.

- Hilos de metal.

- Plantillas de palabras.

Desarrollo de la actividad:

Los alumnos deberán de intentar formar palabras con las letras y el hilo de metal. Con ayuda de las plantillas pueden guiarse o que exploren libremente.

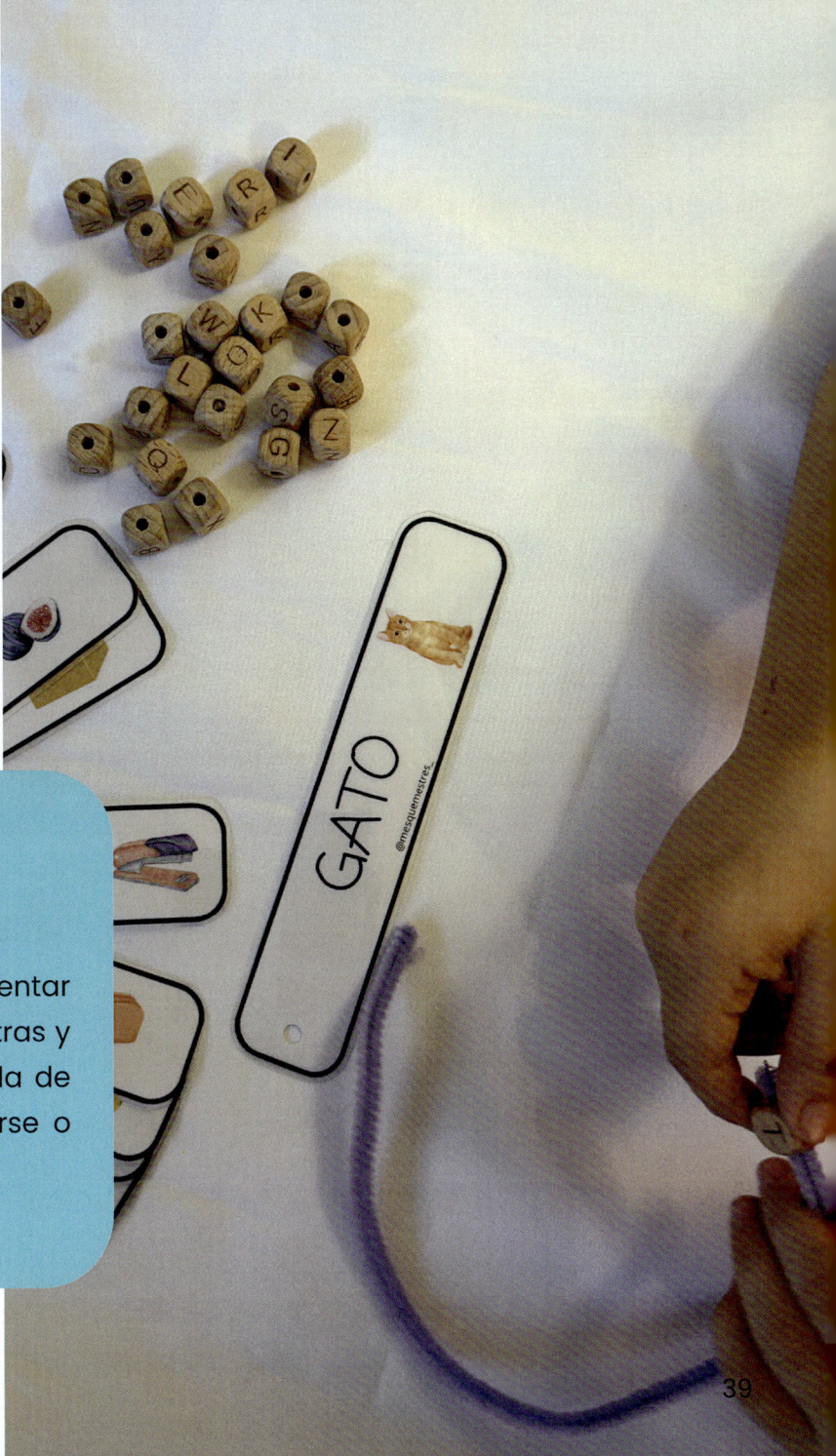

¡Bingo ABECEDARIO!

Objetivos:

- Desarrollo de la consciencia fonológica.

- Estimular la memoria visual.

- Reconocer y asociar letras.

- Fomentar la concentración y la atención.

Material:

- Tarjetas del bingo.

- Fichas o marcadores.

- Letras.

- Bolsa.

Desarrollo de la actividad:

Repartimos una tarjeta a cada alumno con unas fichas o un marcador. Una persona va sacando las letras de la bolsa y va diciendo la letra o sonido. Cada uno buscará la letra en su tarjeta, si la tiene la marcará. El primero que consiga tener todas las letras dirá "bingo" y será el ganador.

MEMORY

Objetivos:

- Desarrollo de la consciencia fonológica.

- Estimular la memoria visual.

- Fomentar la concentración y la atención.

- Reconocer y asociar letras con la imagen.

Material:

- Tarjetas con letras.

- Tarjetas con imágenes.

Desarrollo de la actividad:

Coloca todas las tarjetas mezcladas boca abajo en la mesa. En el turno del alumno deberá voltear dos tarjetas, si la imagen corresponde a la letra inicial de la palabra, el jugador se queda con las tarjetas. Si no coinciden, las tarjetas se vuelven a colocar boca abajo. Por ejemplo; si sale la letra "P" y la imagen es un pez se las queda el jugador. La persona que tenga más cartas ganará.

¿ESCRIBIMOS?

Objetivos:

- Mejorar la ortografía.

- Asociar grafema-fonema.

- Reconocer y asociar palabra-imagen.

- Fomentar la motricidad fina.

Material:

- Letras de madera.

- Rotulador.

- Tarjetas con palabras.

- Tarjetas con imágenes.

- Tabla para crear.

Desarrollo de la actividad:

Dentro de la tabla encontraremos diferentes apartados. En el apartado de la imagen escogeremos una del montón, en el apartado de la palabra buscaremos la palabra correspondiente a la imagen, en el apartado escribe la copiaremos con rotulador y en el apartado crea recrearemos la palabra con letras de madera. Por último, haremos un dibujo de la palabra.

¿QUÉ VOCAL FALTA?

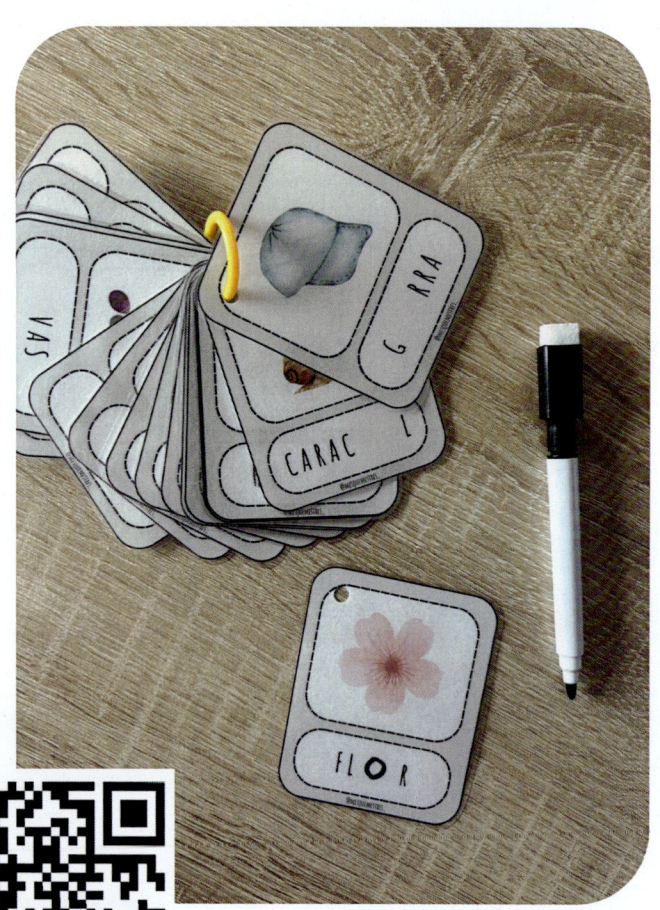

Objetivos:

- Mejorar la ortografía.

- Reconocer y asociar palabra-imagen.

- Fomentar la motricidad fina.

- Desarrollo de la consciencia fonológica.

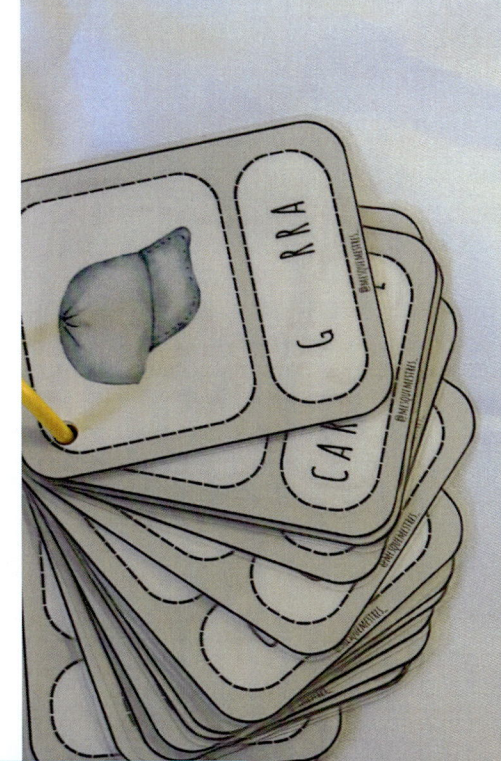

Material:

- Rotulador.

- Tarjetas.

Desarrollo de la actividad:

Los alumnos cogerán las tarjetas y con ayuda de la imagen deberán de acertar la vocal que falta en cada palabra. Cuando sepan que vocal falta deberán de escribirla con un rotulador.

ESCOGE LA PALABRA CORRECTA

Objetivos:

- Reconocer y asociar palabra-imagen.

- Desarrollo de la consciencia fonológica.

- Trabajar la comprensión lectora.

- Fomentar la concentración y la atención.

Material:

- Tarjetas.

- Pinzas o rotuladores.

Desarrollo de la actividad:

Los alumnos cogerán las tarjetas y marcarán con un rotulador o pinza la palabra correcta. La palabra correcta deberá de asociarse con el dibujo que se encuentra al lado.

3.2. ACTIVIDADES PARA PRIMERO Y SEGUNDO DE PRIMARIA

En general, en el primer ciclo de primaria, dependiendo del desarrollo de cada alumno, se consolida la lectoescritura. Sin embargo, el proceso se va perfeccionando a lo largo de los siguientes años, donde se mejora la ortografía, la comprensión y la redacción.

En este apartado, encontraréis ocho actividades dirigidas a la etapa primaria, concretamente para el primer ciclo, pero pueden adaptarse según las necesidades de los alumnos. Cada actividad se dividirá en sus objetivos a conseguir, los materiales que se necesitarán, una pequeña explicación para llevarla a cabo, una imagen del recurso y un QR para descargarlo en PDF.

¡BINGO SÍLABAS!

Objetivos:

- Desarrollo de la consciencia fonológica.

- Trabajar la memoria visual.

- Reconocer y asociar sílabas.

- Fomentar la concentración y la atención.

Material:

- Tarjetas del bingo.

- Fichas o marcadores.

- Letras.

- Bolsa.

Desarrollo de la actividad:

Repartimos una tarjeta a cada alumno con unas fichas o un marcador. Una persona va sacando las sílabas de la bolsa y las va leyendo. Cada uno buscará las sílabas en su tarjeta, si las tienen las marcarán. El primero que consiga tener todas las sílabas dirá "bingo" y será el ganador.

¿ORDENAMOS LAS LETRAS?

Objetivos:

- Asociar grafema-fonema.

- Desarrollo de la consciencia fonológica.

- Trabajar la habilidad de resolución de problemas.

- Fomentar la concentración y la atención.

- Reconocer y asociar palabra-imagen.

Material:

- Tarjetas.

- Rotuladores.

Desarrollo de la actividad:

En cada tarjeta habrá letras desordenadas y la imagen correspondiente. El alumno deberá ordenarlas para conseguir descifrar la palabra. Una vez tengan la palabra deberán escribirla en los recuadros.

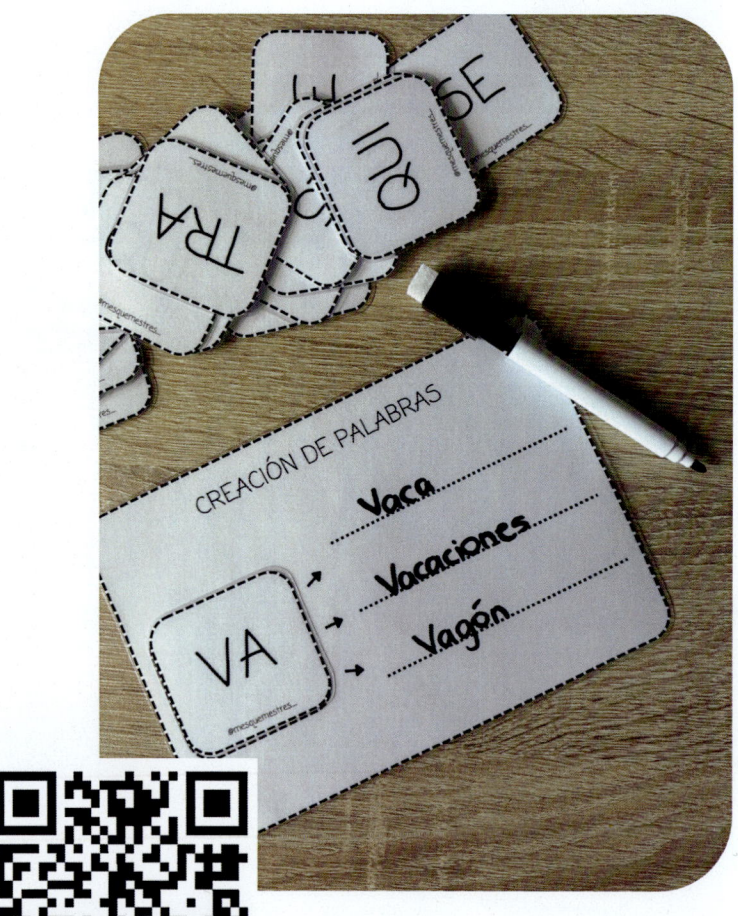

Objetivos:

- Mejorar la ortografía.

- Trabajar la segmentación de palabras.

- Fomentar la creatividad y la imaginación.

Material:

- Tarjeta.

- Sílabas.

- Rotuladores.

Desarrollo de la actividad:

Los alumnos deberán escoger una sílaba y ponerla en la tarjeta, en el recuadro correspondiente. Con ayuda del rotulador escribirán sobre la línea diversas palabras que contengan esa sílaba.

ADIVINANZAS

Objetivos:

- Desarrollar el pensamiento crítico y la resolución de problemas.

- Trabajar la concentración y la atención.

- Mejorar la comprensión lingüística.

- Fomentar la creatividad.

Material:

- Tarjetas.

- Rotuladores.

Desarrollo de la actividad:

Esta actividad se puede llevar a cabo de manera individual, en parejas o por grupos. Los alumnos deberán leer las adivinanzas y descifrarlas. Una vez sepan la solución deberán escribirla sobre la línea.

CÓDIGO SECRETO

Objetivos:

- Desarrollar el pensamiento crítico y la resolución de problemas.

- Trabajar la concentración y la atención.

- Mejorar la comprensión del abecedario.

- Fomentar la creatividad y el juego simbólico.

Material:

- Tarjetas.

- Rotuladores.

- Tabla de códigos.

Desarrollo de la actividad:

En las tarjetas habrá códigos que se tendrán que descodificar. Los alumnos deberán coger la tabla de códigos e interpretar para conocer la palabra. Aparte, hay diversas tarjetas para crear su propio código secreto.

DICTADO MUDO

Objetivos:

- Fomentar la creatividad.

- Desarrollo de la consciencia fonológica.

- Fomentar la concentración y la atención.

- Reconocer y asociar palabra-imagen.

- Mejorar la ortografía.

Material:

- Tarjetas.

- Rotuladores.

Desarrollo de la actividad:

En cada tarjeta habrá cuatro imágenes y los alumnos deberán escribir el nombre de cada una de ellas. Una vez tengan las cuatro palabras se autocorrigen.

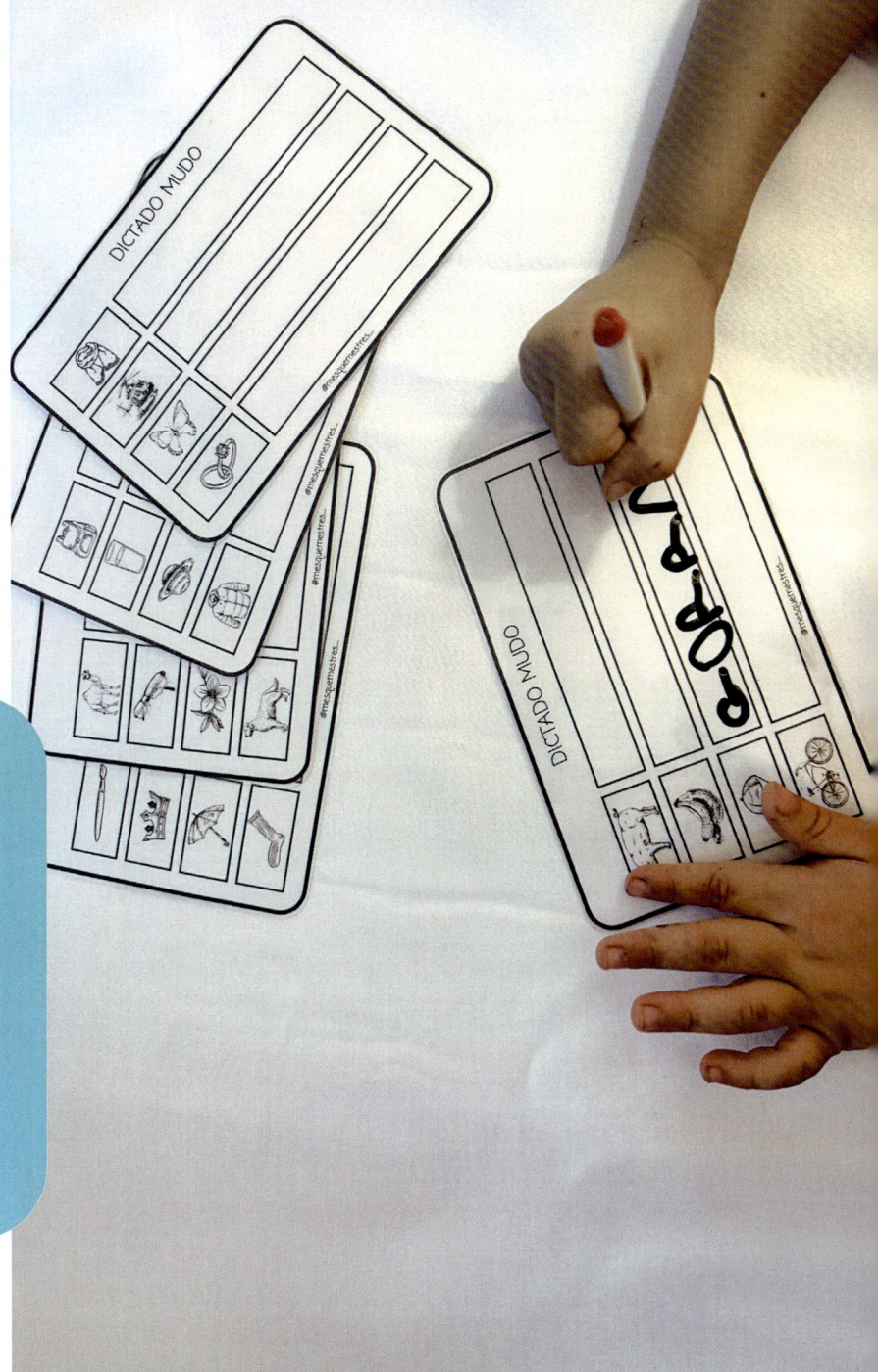

LAS FRASES DESORDENADAS

Objetivos:

- Mejorar la competencia lingüística.

- Fomentar el pensamiento lógico.

- Trabajar la concentración y la atención.

Material:

- Tarjetas.

- Rotuladores.

Desarrollo de la actividad:

Los alumnos deberán ordenar las frases que se encuentran en las tarjetas. Una vez ordenadas deberán de escribirlas en la línea.

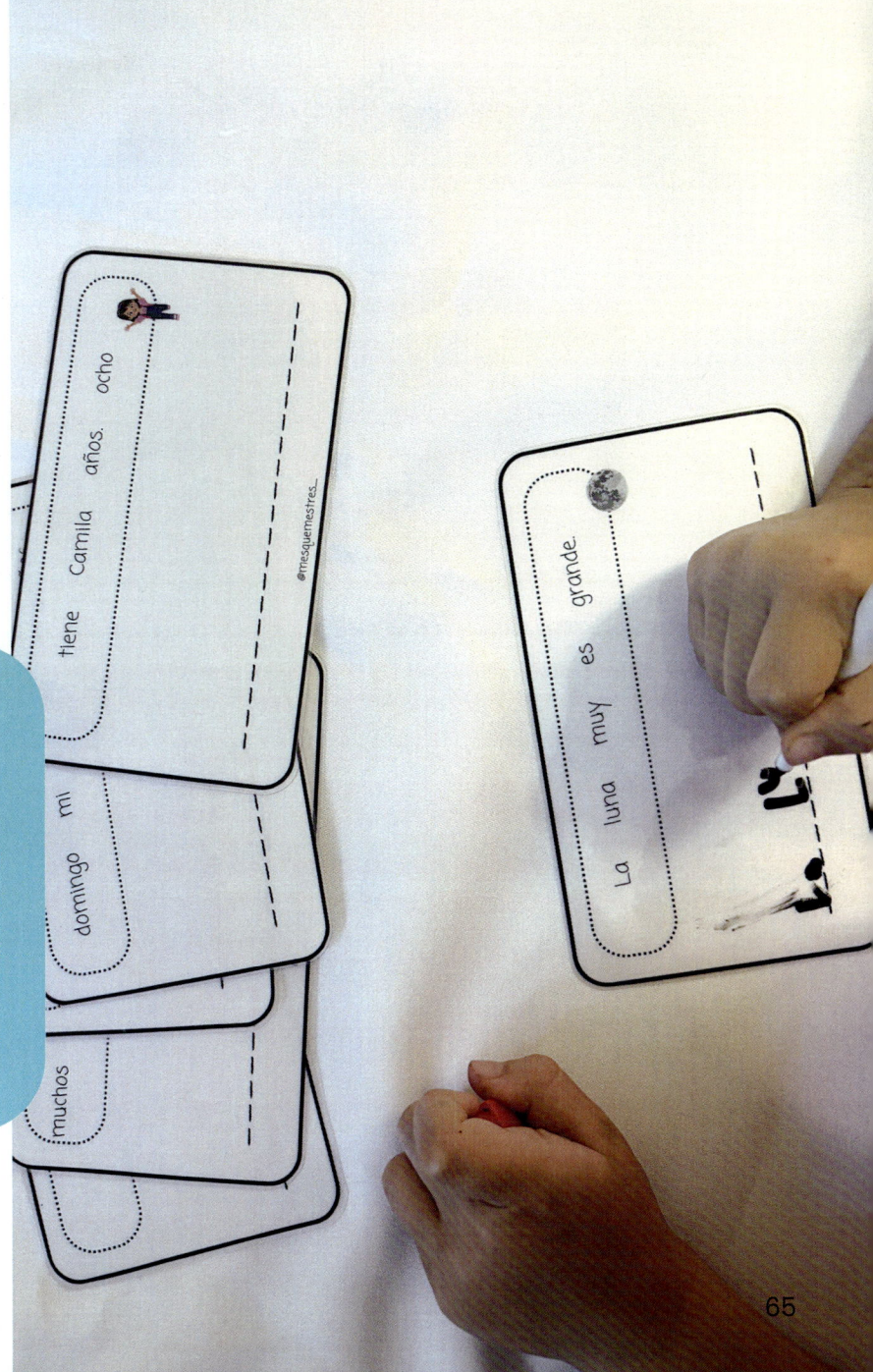

¡SOMOS ESCRITORES!

Objetivos:

- Fomentar la creatividad y la imaginación.

- Mejorar la expresión escrita.

- Fortalecer la comprensión lectora.

Material:

- Dado.

- Tabla.

- Hoja.

- Lápiz.

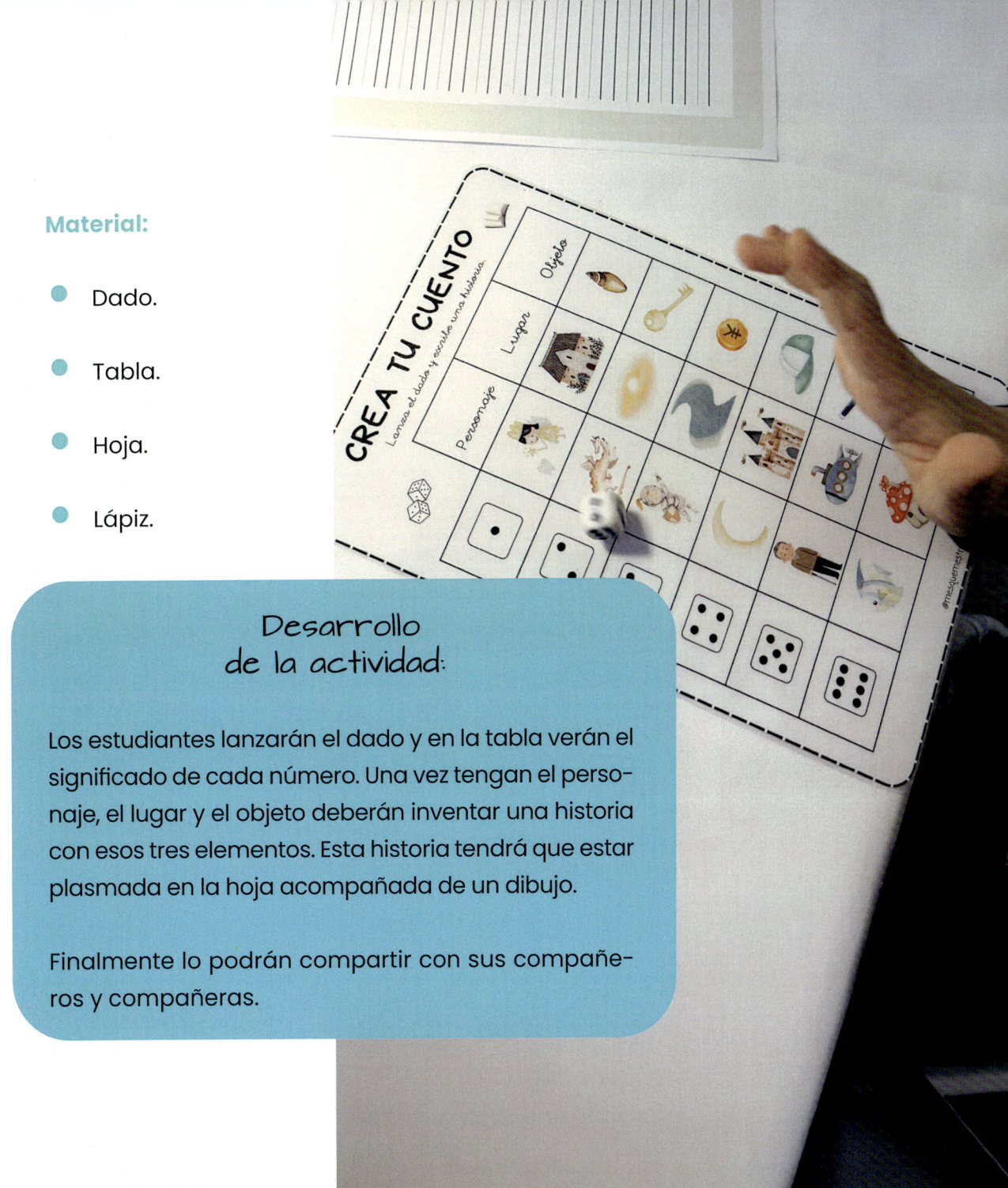

Desarrollo de la actividad:

Los estudiantes lanzarán el dado y en la tabla verán el significado de cada número. Una vez tengan el personaje, el lugar y el objeto deberán inventar una historia con esos tres elementos. Esta historia tendrá que estar plasmada en la hoja acompañada de un dibujo.

Finalmente lo podrán compartir con sus compañeros y compañeras.

CAPÍTULO 4

DIFICULTADES EN EL APRENDIZAJE DE LA LECTOESCRITURA

En este apartado hablaremos de las dificultades que nos podemos encontrar en nuestras aulas sobre la lectoescritura y os facilitaré recomendaciones para trabajarlo y que he podido llevar a cabo con mis alumnos.

Primero de todo, me gustaría aclarar un concepto importante; los alumnos que tengan algún tipo de trastorno, que explicaré más adelante, son alumnos con diagnóstico NESE (en Cataluña) y NEAE (en el resto de provincias). Estos alumnos tienen unas necesidades específicas con algún tipo de soporte o apoyo educativo. Creo necesario aclarar este concepto porque muchas veces no entendemos cuando nos hablan de este y entenderlo garantiza una comunicación efectiva y evitar malentendidos.

> "A veces, diferentes caminos conducen al mismo castillo"
>
> George RR Martin

Como os podéis imaginar, hay alumnos que tienen dificultades en el proceso de adquisición de la lectoescritura y esto afecta a la capacidad de la persona a leer y a escribir. Estas complicaciones se manifiestan de diferentes formas y pueden repercutir en la parte emocional o académica del alumno.

Es importante saber que necesidades requiere el alumno para proporcionar el apoyo y las estrategias necesarias para superar estos obstáculos y conseguir el éxito académico y personal. Por esta razón, a continuación, basaré el contenido en el artículo de A. Gómez (2024) de la Academia Pentalfa.

4.1. TIPOS DE DIFICULTADES

Ya he nombrado anteriormente que a veces hay dificultades en adquirir las habilidades relacionadas con la lectura y escritura. A continuación os explicaré varios trastornos que pueden afectar estas capacidades. Pero antes de nada, decir que tener algunas dificultades en este proceso NO quiere decir que tengamos algún tipo de trastorno. Esto lo diagnostican los médicos o psicólogos.

DISLEXIA:

Es un trastorno específico del aprendizaje que influye en la capacidad de escribir, leer y, en algunos casos, hablar. Los alumnos con este trastorno intercambian el orden de las letras y confunden sonidos.

DISGRAFÍA:

Es un trastorno específico del aprendizaje que influye en la capacidad de escribir. Estas personas tienen dificultades con la motricidad fina, la ortografía y la organización de las letras, los espacios y la coherencia.

DISORTOGRAFÍA:

Es un trastorno específico del aprendizaje que influye en la capacidad para escribir, teniendo errores ortográficos, es decir, recordar y aplicar las reglas de ortografía.

ATRASO EN LA LECTURA:

Es un trastorno relacionado con la velocidad, precisión y entendimiento de la lectura. Las dificultades se ven reflejadas en la descodificación de las palabras y en identificar sonidos.

4.2. RECOMENDACIONES PARA AYUDAR EN EL APRENDIZAJE DE LA LECTOESCRITURA

Hay muchos familiares y docentes que se preocupan por cómo ayudar en el proceso de adquisición de la lectura y la escritura en situaciones con dificultades. A continuación, anoto unas recomendaciones que he llevado a cabo con mis alumnos y pueden favorecer a alcanzar el máximo potencial de cada uno.

IDENTIFICAR TEMPRANO ESTAS DIFICULTADES:

Es fundamental que las familias y los docentes trabajen conjuntamente y estén atentos a cualquier señal de dificultad. Un diagnóstico temprano se pueden llevar a cabo las intervenciones necesarias para un aprendizaje efectivo. Por lo tanto, cualquier duda que surja puede ser resuelta por el especialista o médico.

ADAPTAR EL ENTORNO DE APRENDIZAJE:

Es importante el entorno del alumno, ya que es donde adquiere todo el aprendizaje y es donde se pasa gran parte del tiempo. Por ejemplo, reducir las distracciones en el aula, dar instrucciones claras, dar soporte visual, auditivo o cinestésico, entre otras.

FOMENTAR LA AUTOESTIMA Y LA MOTIVACIÓN:

Es muy importante para los alumnos ayudarlos a mantener una actitud positiva y que se sientan motivados, ya que de esta forma superaran todos aquellos retos que se propongan. Además, es primordial crear actividades dinámicas y con soportes para que los estudiantes puedan sentirse incluidos y seguros para realizar las propuestas

CAPÍTULO 5

Evaluación de la Lectoescritura

La evaluación es una parte importante e imprescindible en el proceso de enseñanza-aprendizaje, pero a veces no se le da el valor que merece. La mejor manera de saber si se han conseguido los objetivos establecidos es tener evidencias durante este proceso. Pero, os preguntaréis ¿cómo puedo evaluar este proceso? A continuación os explicaré una serie de indicadores y herramientas para llevarla a cabo.

La etapa de infantil es importante, ya que si hay una intervención temprana podemos evitar problemas en el desarrollo de los alumnos. Según el Real Decreto 95/2022, de 1 de febrero, por el que se establece la ordenación y las enseñanzas mínimas de la Educación Infantil, la evaluación será global, continua y formativa.

GLOBAL:

Valoramos el desarrollo y el aprendizaje de los alumnos, pero también el crecimiento emocional, social y físico.

CONTINUA:

Es la observación y el análisis a lo largo del aprendizaje. Este proceso implica que los docentes y familiares tengan una visión del progreso y se pueda ir ajustando a las necesidades de los alumnos.

FORMATIVA:

Requiere una mejora del proceso de aprendizaje a través del auto-corrector y se integra en la actividad diaria en el aula.

Para poder conseguir una evaluación con las características anterio-res, durante esta etapa, utilizaremos la observación directa. Esta con-siste en observar a los alumnos durante las actividades sugeridas en el centro. Los docentes deberán registrar las conductas, habilidades y comportamientos, ya sea en una libreta o en el ordenador.

Durante este punto hemos estado hablando solo de la Educación In-fantil, pero ¿qué pasa con la etapa de Primaria?

Las evaluaciones de primaria deben ser iguales que las de Infantil, es decir, globales, continuas y formativas. Pero, podemos utilizar muchas más herramientas a parte de la observación directa. Por ejemplo:

Mantener conversaciones:

Podemos plantear cuestiones para que los alumnos desarrollen su pensamiento crítico y reflexivo.

Rúbricas:

Las rúbricas son instrumentos que nos permiten valorar la productividad de una tarea.

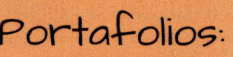

Portafolios:

Es una estrategia que recopila evidencias de los aprendizajes de los alumnos. Por ejemplo, podemos proponer que una vez a la semana los alumnos dibujen y describan un momento emotivo para ellos. De esta forma, podremos ver el avance sobre la lectoescritura.

Por último, quiero incidir en que la evaluación es importante para todos los agentes educativos (familia, docentes y alumnos), ya que nos proporciona información sobre las fortalezas y mejoras de nuestros alumnos. Además, ayuda mucho a los docentes porqué podemos conocer y reflexionar sobre el resultado para futuras actividades. Este tipo de evaluaciones son adaptables para todos los alumnos, es decir, que dependiendo de las necesidades de cada uno podemos enfocarlo de una manera u otra, es cuestión de conocer aquellas dificultades y adecuarnos como docentes.

TESTIMONIOS REALES

Para poder poner fin a este capítulo de mi vida, he decidido que la mejor manera era recoger escritos de testimonios reales sobre el aprendizaje de la lectoescritura. Estos testimonios son de diferentes edades, sexos y comunidades autónomas. De todas formas, te invito hacer una reflexión sobre si recuerdas los procesos que llevaste a cabo para leer y escribir y cómo lo conseguiste.

La mayoría de estos testimonios aprendieron a leer y a escribir de manera memorística y tradicional. Otras lo recuerdan como un proceso bonito, por la motivación de los docentes. Con esto, quiero hacer referencia a la importancia de dejar huella y crear un aprendizaje significativo para que lo recuerden toda la vida.

A.

Siempre se me ha dado mal la escritura, de tal modo que a día de hoy hago muchas faltas ortográficas. Pero, recuerdo que de pequeño aprendí a leer juntando sílabas. Estas sílabas no tenían ningún significado, pero me hizo gracia y empecé a leerlas.

R.

Me enseñó a leer y a escribir mi madre a base de repetición.

M.

Lo recuerdo como un proceso bonito y paciente por parte de mis docentes. Por suerte, todos los profesionales que me acompañaron a los demás y a mí en este proceso fueron muy comprensivos y tuvieron mucha paciencia. No recuerdo exactamente todos los recursos que utilizaron ni las técnicas, recuerdo escribir palabras sueltas, luego frases, pequeños poemas, microrrelatos y algún ejercicio de trazo, pero, sobre todo, leer mucho y comprender desde el punto de vista de aprender "jugando".

A lo largo del proceso de lectoescritura he enfrentado diversas dificultades. Recuerdo una época en la que al leer en voz alta me trababa mucho, cambiaba algunas letras de sitio, decía palabras similares en lugar de la que había... No sé si era por nervios, si realmente tenía alguna dificultad o si era por querer hacer las cosas rápidas. Lo que sí sé es que mis docentes nunca le dieron importancia, solo me sacaban de clase para leer en privado, supongo que para tener una atención especializada. También me costó dejar de hacer algunas faltas de ortografía, sobre todo, cuando la palabra suena igual en catalán que en castellano, pero se escribe diferente (V/B, G/J, etc.). Todo esto se superó con el tiempo y mucho esfuerzo. Cuando me equivocaba, revisaba la regla ortográfica y la escribía muchas veces para consolidarla.

A día de hoy, aunque mi lectoescritura es buena, en ocasiones, necesito unos segundos más que otras personas para leer textos, quizás para prestar más atención.

M.

Recuerdo un proceso lento, pero motivador. Mi familia me apoyaba y me ayudaba en casa. Me compraban cuadernos para aprender a leer y me ponía con mi abuela por las tardes. Una de las personas que más recuerdo en este proceso fue mi tutora de primero de primaria, porque me acuerdo de su gran paciencia y las ganas que dedicaba.

Cuando era pequeño no sabía pronunciar bien la "R", pero lo pude superar con mucha práctica y con ayuda de un otorrinolaringólogo.

D.

Cuando era pequeña faltaba mucho a clase, pero quien me enseñó a leer y a escribir fue mi profesora, aunque no de la mejor forma. Yo era una niña bastante despistada y cuando no sabía algo, me castigaba de pie con libros en ambas manos.

B.

Siento que para mi época fui una niña privilegiada. Motivada por un familiar aprendí a leer a los cinco años, puede sonar a tópico pero para mí la lectura y la escritura fueron mi refugio los cuáles me permitieron crear mi propio mundo.

Desde niña y hasta mi juventud escribía un diario personal, libretas corrientes de cuadros con espiral personalizadas por mí y en las que volcaba ideas, lecturas, experiencias, anécdotas del día a día, y algún sueño que cumplir que escondía con todo tipo de precaución de la mirada curiosa de mi madre y mis hermanos (al menos eso creía).

Recuerdo que mi madre, creyéndose tener una hija superdotada por leer y escribir a tan temprana edad, siempre que teníamos visita me hacía leer unas líneas de cualquier revista, periódico o libro que tuviera más a mano en ese momento, era tal el orgullo que mostraba hacia mí que sin ella saberlo me motivaba más y más en mi empeño por leer y escribir y así provocar en ella esa satisfacción única.

M.

Respecto a mi aprendizaje de lectoescritura, tengo muy buen recuerdo. Fue algo fácil y gracias a la ayuda de mi familia aprendí relativamente rápido. Tengo el recuerdo de trabajar mucho la lectura en clase mediante varios ejercicios marcados por las maestras: en el primero, cada alumno debía leer tres líneas; un segundo en que debíamos leer durante un minuto y luego contar cuantos caracteres habíamos leído y muchos otros de comprensión lectora. Solían felicitarme porque era algo que se me daba bien.

Las personas que me ayudaron más a este proceso fueron sobre todo mi abuela. Desde que era pequeña me enseñó las vocales con una mesita que teníamos mientras merendaba y los fonemas de algunas letras y también mi madre, que leía los mismos libros que yo y luego los comentábamos e incluso leíamos cada una su libro durante un rato antes de ir a dormir.

Más adelante, en mi niñez y adolescencia, teníamos por actividad habitual ir a la biblioteca de nuestra ciudad y coger libros y cuentos para toda la semana, lo cual convertía la lectura en un hábito y una actividad divertida y así es hasta hoy en día.

A.

Tengo un recuerdo lejano, lento, pero muy claro de mi proceso para aprender a leer y escribir.

Cuando perteneces a una familia de clase humilde, de un pueblo recóndito del interior de Andalucía y tus progenitores son analfabetos, ya que carecían de medios para el aprendizaje, cualquier proceso en tu vida se convierte en una odisea y más para un niño de corta edad. A medida que vas creciendo y eres consciente de esta situación tu día a día está marcado por un sutil pensamiento: Leer y escribir para vivir.

Una de las personas que me marcó fue Dr. Martínez, el cual me dio mi primera oportunidad laboral a los 12 años como chico de los recados en su consulta, él estaba dispuesto a ayudarme con el catalán, la lengua oficial de mi ciudad, pero que sin embargo yo no hablaba ni escribía con fluidez.

El recuerdo de mi proceso personal es un proceso marcado por el miedo. Debido a la defectuosa educación impartida en mi época en la cual se hacía uso del castigo corporal como estímulo para aprender. En mí brotó un efecto de aislamiento cada vez mayor hasta hacerme sentir un niño marginado.

La necesidad de facilitarles la vida cotidiana a mis padres y mi capacidad de supervivencia fueron mi principal impulso para aprender a leer y escribir.

R.

Cuando era pequeño recuerdo consolidar este proceso bastante rápido y sin dificultades. Lo único que tuve que mejorar a lo largo de los años fue la caligrafía

AGRADECIMIENTOS

La creación de este libro ha sido un proceso lleno de aprendizajes, retos y caídas, y no habría sido posible sin el apoyo de ciertas personas a lo largo del camino.

En primer lugar, quiero agradecer la oportunidad que me ha dado la editorial Sar Alejandría, que ha confiado en mí en todo momento.

A mi pareja, por acompañarme en esta aventura y animarme a volar. Gracias por estar a mi lado y darme fuerzas cuando más lo necesitaba. Compartimos la misma profesión y no puedo ser más feliz del equipo que formamos.

A toda mi familia, por guiarme, creer en mí y ser mi refugio. Gracias a ellos soy la persona que soy.

A mi primo Jared, el motor de mi familia. Gracias por ser tan especial y quererme infinitamente. Te quiero hasta la luna, ida y vuelta.

A mi perro. Muchas veces desvalorizamos el amor y la compañía que nos proporciona, pero gracias a él sé que es la lealtad y el amor incondicional.

A mi familia política, por aceptarme como una más de la familia, quererme y apoyarme en todo momento.

A mis amigos, porque quien tiene un amigo tiene un tesoro. Aparecieron en una etapa complicada de mi vida y me ayudaron en todo momento. En especial a mi amiga Paula, por aceptar a escribir el prólogo y formar parte de esta locura.

A mi amiga Marta, por alegrarme los días, por seguir caminando juntas después de tantos años y por apoyarme en todas mis decisiones.

A los niños y niñas que hacen mi vida más divertida. Gracias por enseñarme tanto y hacer que disfrute de las pequeñas cosas.

A mis compañeros y compañeras, por compartir y aprender todos los días. Tenemos la suerte de tener una profesión que nos proporciona experiencias únicas, a dejar huella y a crear un mundo futuro.

A los testimonios, por ayudarme a dar voz a este proceso y completar este viaje.

A mí misma, porque nunca pierda el brillo de los ojos y siga disfrutando de lo que más me gusta, la educación.

BIBLIOGRAFÍA

- BOE-A-2022-1654 Real Decreto 95/2022, de 1 de febrero, por el que se establece la ordenación y las enseñanzas mínimas de la Educación Infantil. (2022, 1 febrero). https://www.boe.es/eli/es/rd/2022/02/01/95/con

- Cano Rodríguez, B. (s. f.). LA LECTOESCRITURA EN EDUCACIÓN INFANTIL: ACTIVIDADES PARA MEJORAR SU DESARROLLO EN EL AULA [Trabajo de fin de grado, Universidad de Valladolid]. https://uvadoc.uva.es/bitstream/handle/10324/14586/TFG-G1378.pdf?sequence=1

- Gómez, A. (2024, mayo 15). CÓMO AYUDAR A UN NIÑO CON DIFICULTADES DE APRENDIZAJE EN LECTOESCRITURA. Pentalfa. https://academiapentalfa.com/blog/dificultades-del-aprendizaje/necesidades-educativas-especiales-lectoescritura

- Pérez, D. (2019). EL PROCESO DE ENSEÑANZA-APRENDIZAJE DE LA LECTOESCRITURA: UNA REVISIÓN TEÓRICA [Trabajo de fin de grado, Universidad de la Laguna]. https://riull.ull.es/xmlui/bitstream/handle/915/15570/El%20proceso%20de%20ensenanzaaprendizaje%20de%20la%20lectoescritura%20una%20revision%20teorica.pdf?sequence=1

- Sánchez de Medina, C. M. (2009). LA IMPORTANCIA DE LA LECTOESCRITURA EN EDUCACIÓN INFANTIL. Revista Digital - Innovación y Experiencias Educativas. https://archivos.csif.es/archivos/andalucia/ensenanza/revistas/csicsif/revista/pdf/Numero_14/CARMEN_SANCHEZ_1.pdf

GLOSARIO

- **APRENDIZAJE INTERACTIVO:**

  Es un enfoque pedagógico donde los alumnos participan de manera activa en su proceso de enseñanza-aprendizaje. Este método permite a los estudiantes involucrarse, reflexionar y a poner en práctica lo aprendido.

- **APRENDIZAJE SIGNIFICATIVO:**

  Proceso donde el estudiante utiliza sus conocimientos previos para adquirir nuevos.

- **CINESTÉSICO:**

  Es el aprendizaje a través del cuerpo y la manipulación de los objetos.

- **CURRÍCULO:**

  Herramienta utilizada por los docentes y guía el proceso de enseñanza-aprendizaje de los alumnos.

- **ESTRATEGIAS COGNITIVAS:**

  Son técnicas para facilitar el procesamiento, almacenamiento y recuperación de la información.

- **FONEMA-GRAFEMA:**

  Es la relación entre el sonido y la letra.

- **INCLUSIÓN:**

  Es un enfoque educativo que promueve la participación activa de todas las personas.

- **MOTRICIDAD FINA:**

  Capacidad de realizar movimientos precisos y controlados con los músculos de los dedos.

- NEAE:

    Necesidades Específicas de Apoyo Educativo.

- NESE:

    Necesidades Específicas de Soporte Educativo.

- PENSAMIENTO CRÍTICO:

    Capacidad de analizar, evaluar y reflexionar información con una argumentación lógica.

- SUJETO ACTIVO:

    Persona que participa en su proceso de enseñanza-aprendizaje.